BEI GRIN MACHT SICH IHR
WISSEN BEZAHLT

Bibliografische Information der Deutschen Nationalbibliothek:

Die Deutsche Bibliothek verzeichnet diese Publikation in der Deutschen National-bibliografie; detaillierte bibliografische Daten sind im Internet über http://dnb.d-nb.de/ abrufbar.

Impressum:

Copyright © 2019 GRIN Verlag
Druck und Bindung: Books on Demand GmbH, Norderstedt Germany
ISBN: 9783346124388

Dieses Buch bei GRIN:

https://www.grin.com/document/535020

Sarah Schendel

Ausdauerorientierte Trainingsplanung zur Vorbereitung auf einen Triathlon

GRIN Verlag

GRIN - Your knowledge has value

Der GRIN Verlag publiziert seit 1998 wissenschaftliche Arbeiten von Studenten, Hochschullehrern und anderen Akademikern als eBook und gedrucktes Buch. Die Verlagswebsite www.grin.com ist die ideale Plattform zur Veröffentlichung von Hausarbeiten, Abschlussarbeiten, wissenschaftlichen Aufsätzen, Dissertationen und Fachbüchern.

Besuchen Sie uns im Internet:

http://www.grin.com/

http://www.facebook.com/grincom

http://www.twitter.com/grin_com

Deutsche Hochschule für

Prävention und Gesundheitsmanagement

Hermann Neuberger Sportschule 3

66123 Saarbrücken

Einsendeaufgabe

Fachmodul:	Trainingslehre 2
Studiengang:	Bachelor of Arts Fitnesstraining
Datum **Präsenzphase**:	11.11.-13.11.2019
Name, Vorname:	Schendel, Sarah
Studienort:	München
Semester:	WS 18

Inhaltsverzeichnis

1.Diagnose

1.1.Allgemeine und biometrische Daten

Tab. 1: Allgemeine Daten

Alter	23
Geschlecht	Weiblich
Körpergröße (in cm)	170cm
Körpergewicht (in Kilogramm)	65
Trainingsmotive	Einen Triathlon absolvieren
Aktuelle und frühere sportliche Aktivität	Leistungsstufe: Fortgeschritten Seit 18 Jahren regelmäßiges Schwimmtraining, seit 8 Jahren viermal pro Woche 60-90 Minuten Schwimmtraining auf hohem Leistungsniveau Täglich ca. 60min Radfahren in moderatem bis schnellen Tempo um zur Arbeit oder Uni zu gelangen, Einmal pro Woche 60 Minuten joggen in moderatem Tempo, seit etwa 5 Jahren
Berufliche Tätigkeit	Student, arbeitet aber dreimal pro Woche in einem Kinderheim
Zeitlicher Verfügungsrahmen	Zusätzlich zu jetzigem Training maximal 3 Stunden pro Woche, vorwiegend sitzende Tätigkeit

Tab. 2: biometrische Daten

Biometrische Daten	Daten des Probanden	Normwert
Blutdruck	120/81 mmHG	120-129 mmHg systolisch und 80-84 diastolisch
Ruhepuls	58 Schläge pro Minute	60-80 Schläge pro Minute
Körperfettanteil	20 %	21-33%

Die Person möchte am Kuhsee-Triathlon Ende Juli 2020 teilnehmen. Hierfür muss sie 500 Meter Schwimmen, 5 Kilometer Radfahren und 5 Kilometer Laufen. Gemäß Manica et al. (2013, S.1286) liegt der Blutdruck der Probandin im normalen Bereich. Der Normwert für einen normaler Blutdruck liegt zwischen 120-129 mmHG systolisch und 80-84 diastolisch. Ein normaler durchschnittlicher Mensch hat in etwa einen Ruhepuls zwischen 60 und 80 Schlägen pro Minute, gut trainierte Ausdauersportler haben zumeist einen Ruhepuls von 50 bis 60 Schlägen pro Minute. Die Probandin hat mit ihrem Ruhepuls von 58 Schlägen pro Minute somit einen normalen Ruhepuls (Weineck, 2003, S.

50). Mit einer Bioimpedanz-Analyse wurde der Körperfettanteil berechnet, welcher bei 20% liegt. Der normale Wert bei Frauen zwischen 20-39 Jahren beträgt 21-33% (Gallagher et al., 2000, S. 699). Der Körperfettanteil der Kundin wird demnach als niedrig eingestuft. Vor einem Jahr brach ein Stück der Kniescheibe im rechten Knie ab, inzwischen ist sie allerdings wieder voll belastbar.

1.2 Leistungsdiagnostik/ Ausdauertestung

Die Probandin absolviert einen IPN-Fahrradergometer-Ausdauertest (kurz IPN-Test®). Hierbei ist eine annähernde Bewertung der Ausdauerleistung einer Person möglich, ohne eine absolute Ausbelastung herbeizuführen. Charakteristisch für den IPN-Tests ist, dass durch alters- und geschlechtsbezogener Norm und Soll-Leistungsvorgaben und der individuellen Belastungsreaktion, wie zum Beispiel das Verhalten der Herzfrequenz, eben diese näherungsweise Bewertung möglich ist. Als ein abgeschlossenes Testverfahren kann man direkte Trainingsempfehlungen ableiten, wodurch eine breite Anwendung möglich ist. Durch die Parameter Ruheherzfrequenz und die ausdauerrelevante Aktivität wird die individuelle Zielherzfrequenz, welche das Abbruchkriterium für die Probandin ist, für den Ergometertest bestimmt. Gemäß Trunz (2001; IPN, 2004, S. 4) liegt die Zielherzfrequenz der Kundin bei 140 Schlägen pro Minute. Unter Berücksichtigung ihrer Traininingshäufigkeit ausdauerrelevanter Aktivitäten ergibt sich jedoch ein Pulsaufschlag von 10 Schlägen pro Minute, somit liegt ihre tatsächliche Zielherzfrequenz also bei 150 Schlägen pro Minute. Nach den Ergebnissen der Voreinstufung der Belastbarkeit kommt das Belastungsschema nach Hollmann und Venrath zum Einsatz, dies ist ein Stufentest. Es handelt sich um eine submaximale Belastung, der Probandin kann die Belastung hinsichtlich ihrer Trainingserfahrung und ihrer Zielherzfrequenz zugetraut werden. Die Stufendauer beträgt drei Minuten, die Eingangsbelastung 30 Watt und die Belastungssteigerung 40 Watt pro Stufe. Man arbeitet mit einer Trittfrequenz von 60-80 Umdrehungen pro Minute. Die Pulsobergrenze wird gemäß IPN bestimmt und liegt wie oben genannt bei 150 Schlägen pro Minute. Testgröße ist die Wattzahl der zuletzt gefahrenen Belastungsstufe bei Erreichen der bestimmten Pulsobergrenze oder Zeitinterpolation, sollte man an die Pulsobergrenze vor dem Ende der betreffenden Belastungsstufe gelangen. Als Normbewertung gilt hier die Relative Soll-Watt-Leistung – Watt pro kg Körpergewicht.

Tab. 3: Testprotokoll

Geschlecht: Weiblich	Alter: 23	Gewicht: 65Kg	Körpergröße: 170cm	Ruhepuls: 58 Schläge pro Minute	Blutdruck: 120/81 mmHG	Körperfettanteil: 20%
Testform: IPN-Fahrradergometer-Ausdauertest (Belastungsschema nach Hollmann und Venrath)	Stufendauer: 3 Minuten	Pulsobergrenze: 150 Schläge pro Minute	Belastungssteigerung: 30 Watt	Abbruchgrenze: Puls ist über Pulsobergrenze von 150 Schläge pro Minute	Eingangsbelastung: 30 Watt	Trittfrequenz: 60-80 Umdrehungen pro Minute
Weitere Abbruchkriterien:	Atemnot, Schwindel, Übelkeit, starken Hustenreiz, kalter Schweiß oder Blässe					
Eingangstest vom 18.11.2019						

Tab. 4: Testdurchführung

Zeit in Minuten	Stufe	Wattzahl	Herzfrequenz in Schlägen pro Minute
0-3	1	30	101
3-6	2	70	115
6-9	3	110	128
9-12	4	150	139
12-15	5	190	150

Die relative Watt-Soll-Leistung der Probandin beträgt 190 Watt geteilt durch 65Kg Körpergewicht, was einen Wert von 2,92 Watt/Kg Körpergewicht ergibt, da sie alle fünf Belastungsstufen vollständig durchfahren hat und in der fünften Belastungsstufe die Pulsobergrenze erreichte. Danach wurde der Test abgeschlossen. Die Gesamtleistung liegt also bei 190 Watt. Im Vergleich zur Norm-Leistungstabelle ergibt sich eine überdurchschnittliche bis gute Ausdauerleistungsfähigkeit für die Probandin. Eine durchschnittliche weibliche Person sollte 2,5 Watt/kg Körpergewicht als Kennzeichen der maximalen Leistungsfähigkeit des Herz-Kreislauf-Systems (Ausbelastung) erzielen.

1.3 Gesundheits- und Leistungsstatus der Person

Aufgrund der Testergebnisse, welche die Ausdauerfähigkeit der Probandin als überdurchschnittlich bis gut bewerten, wird sie als voll belastbar beziehungsweise voll trainerfähig eingestuft.

2.Zielsetzung/Prognose

Tab. 5: Zielsetzung

Inhalt	Ausmaß	Zeit
Ausdauerleistung im Laufen verbessern	5 Kilometer in 30 Minuten laufen	6 Monate
Kfa reduzieren	minus 2 %	6 Monate
Ausdauerleistung im Radfahren verbessern	5 Kilometer in 15 Minuten	6 Monate

Nachdem die Probandin sich auf einen Triathlon vorbereiten möchte, möchte dementsprechend ihre Ausdauerleistung im Rad fahren und Laufen verbessern, sowie ihren Körperfettanteil senken um weniger Zusatzgewicht zu tragen. Ihr Ziel ist es innerhalb von sechs Monaten, bis zum Start des Triathlons, 5 Kilometer in maximal 30 Minuten zu laufen, 5 Kilometer Fahrrad in maximal 15 Minuten zu fahren und ihren Körperfettanteil um 2% zu senken. Das Ziel 5 Kilometer in maximal 30 Minuten zu laufen ist realistisch in 6 Monaten zu erreichen, da sie schon trainiert ist und keine Anfängerin im Ausdauertraining. Auch 5 Kilometer Radfahren in maximal 15 Minuten ist in sechs Monaten zu schaffen, sie fährt seit mehreren Jahren täglich 60 Minuten Fahrrad und hat dementsprechend schon eine gute Ausdauer. 2% Körperfett sind in 6 Monaten ebenfalls realistisch, vor allem da sie nun, um sich auf den Triathlon vorzubereiten, ein höheres Trainingspensum hat wodurch sie mehr Kalorien verbrennt. Somit wird sie sich in ihren Ausdauerleistungen verbessern und gleichzeitig ihr Ziel der Körperfettreduktion erreichen. Eine Verbesserung der Leistungen im Schwimmen ist nicht vonnöten, da sie schon seit vielen Jahren viermal pro Woche das Schwimmtraining besucht und auch regelmäßig an Wettkämpfen teilnimmt.

3. Trainingsplanung Mesozyklus

3.1 Grobplanung Mesozyklus

Tab. 6: Grobplanung Mesozyklus

Grobplanung Mesozyklus	
Dauer	6 Wochen
Trainingsziel	Aufbau der Grundlagenausdauer und stärkere Wettkampfhärte Reduktion des Körperfettanteil
Belastungsumfang pro Woche	1,5-2,5 Stunden
Trainingsmethode	Extensive Dauermethode intensive Dauermethode Intensive Intervallmethode
Trainingsintensität	50-60% Hf max (regenerativ) 60-75% Hf max (extensiv) 80-85% Hf max (intensiv) > 90% Hf max (intensiv)
Trainingshäufigkeit pro Woche	drei mal
Dauer pro Trainingseinheit	Extensive Dauermethode: 30-60min intensive Dauermethode: 20-45min Intensive Intervallmethode: 15-30min
Trainingsgeräte	Laufband, Fahrradergometer, Crosstrainer

3.2 Detailplanung Mesozyklus

Für die Herzfrequenzberechnung für das Training wurde die anerkannteste Faustformeln zur Abschätzung der maximalen Herzfrequenz genutzt. Die Altersformel 220 – Lebensalter (ACSM, 1998c, S. 975, 2006b; Hottenrott, 2006, S. 22) wird als Berechnungsgrundlage genommen. Die maximale Herzfrequenz der Probandin liegt somit bei 197 Schlägen pro Minute.

Tab. 7: Detailplanung Mesozyklus Woche 1 und 2

Woche 1	Montag	Mittwoch	Freitag	Woche 2	Montag	Mittwoch	Freitag
Trainingsziel	Grundlagenausdauer 2	REKOM	Grundlagenausdauer 2	Trainingsziel	Grundlagenausdauer 2	REKOM	Grundlagenausdauer 2
Traingsmethode	Extensive Dauermethode	Extensive Dauermethode	Extensive Dauermethode	Trainingsmethode	Extensive Dauermethode	Extensive Dauermethode	Extensive Dauermethode
Trainingsintensität	75%Hf max	50-60% Hf max	75% Hf max	Trainingsintensität	75%Hf max	50-60% Hf max	75%Hf max
Trainingsherzfrequenz	147 Schläge pro Minute	98-118 Schläge pro Minute	147 Schläge pro Minute	Trainingsherzfrequenz	147 Schläge pro Minute	98-118 Schläge pro Minute	147 Schläge pro Minute
Trainingsdauer	45 Minuten	30 Minuten	45 Minuten	Trainingsdauer	50 Minuten	30 Minuten	50 Minuten
Trainingsgeräte	Fahrradergometer	Crosstrainer	Laufband	Trainingsgeräte	Fahrradergometer	Crosstrainer	Laufband

Tab. 8: Detailplanung Mesozyklus Woche 3 und 4

Woche 3	Montag	Mittwoch	Freitag	Woche 4	Montag	Mittwoch	Freitag
Trainingsziel	Grundlagenausdauer (GA1/ GA2)	Grundlagenausdauer (GA1/ GA2)	REKOM	Trainingsziel	Grundlagenausdauer (GA1/ GA2)	Grundlagenausdauer (GA1/ GA2)	REKOM
Traingsmethode	intensive Dauermethode	intensive Dauermethode	Extensive Dauermethode	Traingsmethode	Intensive Dauermethode	intensive Dauermethode	Extensive Dauermethode
Trainingsintensität	80-85% Hf max	80-85% Hf max	50-60% Hf max	Trainingsintensität	80-85% Hf max	80-85% Hf max	50-60% Hf max
Trainingsherzfrequenz	157-167 Schläge pro Minute	157-167 Schläge pro Minute	98-118 Schläge pro Minute	Trainingsherzfrequenz	157-167 Schläge pro Minute	157-167 Schläge pro Minute	98-118 Schläge pro Minute
Trainingsdauer	45 Minuten	45 Minuten	30 Minuten	Trainingsdauer	45 Minuten	45 Minuten	30 Minuten
Trainingsgeräte	Laufband	Fahrradergometer	Crosstrainer	Trainingsgeräte	Laufband	Fahrraedergometer	Crosstrainer

Tab. 9: Detailplanung Mesozyklus Woche 5 und 6

Woche 5	Montag	Mittwoch	Samstag	Woche 6	Montag	Mittwoch	Samstag
Trainingsziel	Verbesserung der anaeroben Fitness (VO2max)	REKOM	Verbesserung der anaeroben Fitness (VO2max)	Trainingsziel	Verbesserung der anaeroben Fitness (VO2max)	REKOM	Verbesserung der anaeroben Fitness (VO2max)
Traingsmethode	Intensive Intervallmethode	Extensive Dauermethode	Intensive intervall Methode	Traingsmethode	intensive intervall methode	Extensive Dauermethode	Intensive intervall methode
Trainingsintensität	> 90% Hf max	50% Hf max	> 90% Hf max	Trainingsintensität	> 90% Hf max	50% Hf max	> 90% Hf max
Trainingsherzfrequenz	177-197 Schläge pro Minute	98 Schläge pro Minute	177-197 Schläge pro Minute	Trainingsherzfrequenz	177-197 Schläge pro Minute	98 Schläge pro Minute	177-197 Schläge pro Minute
Trainingsdauer	25 Minuten	30 Minuten	35 Minuten	Trainingsdauer	25 Minuten	30 Minuten	35 Minuten
Trainingsgeräte	Fahrradergometer	Fahrradergometer	Laufband	Trainingsgeräte	Fahrradergometer	Fahrradergometer	Laufband

3.3 Begründung zum Mesozyklus

3.3.1 Begründung zum angestrebten wöchentlichen Belastungsumfang

Im vorherig genannten Mesozyklus wurde das Training auf drei Tage aufgeteilt. Die Probandin schwimmt wöchentlich sehr viel auf einem hohen Leistungsniveau, weswegen der Mesozyklus nur die zwei Disziplinen Laufen und Radfahren beinhaltet.

Da das Ziel der Probandin, die Ausdauerleistung im Radfahren und Laufen zu verbessern, sowie eine Reduktion des Körperfettanteils, benötigt sie aufgrund der Superkompensation, ein kontinuierliches und forderndes Training. Es wurde sich für die Trainingseinheiten an den angegeben Zeitvorgaben der Kundin orientiert.

3.3.2 Begründung zu den ausgewählten Trainingsmethoden

Der Mesozyklus beginnt mit der extensiven Dauermethode. Hier wird vorweg nur die Grundlagenausdauer trainiert, aber auch die physiologische Wirkung, dass mit zunehmender Dauer primär der Fettstoffwechsel zur Energiebereitstellung genutzt wird, was zu dem Ziel der Körperfettreduktion beiträgt. Ebenfalls wird das Herz-Kreislauf-System ökonomisiert, die periphere Durchblutung und die Weiterbildung einer guten Grundlagenausdauer verbessert sich.

Die intensive Dauermethode wurde aufgrund der wesentlich höhere Belastungsintensität bei gleichzeitig niedrigerem Belastungsumfang gewählt, was der Bedingungen in einer Wettkampfsituation ähnelt. Primär ist das Ziel die Erweiterung der aeroben Kapazität beziehungsweise die Verbesserung der VO_{2max} und vor allem auch die Verbesserung der Widerstandsfähigkeit gegen hohe Laktatspiegel, was für die Probandin von enormer Wichtigkeit ist.

Um anaerobe Stoffwechsel zu aktivieren wie bspw. die Steigerung der Laktatprodukton, der Milchsäuretoleranz und der Laktatelimination unter primärere Beanspruchung der Fast-Twitch-Fasern sind physiologische Wirkungen der intensiven Intervallmethode.

Die starken Beanspruchung der Muskulatur während der Belastungsintervalle führt zu einer sehr hohen Laktatbildung innerhalb der arbeitenden Muskulatur, was in den Pausen jedoch wieder abgebaut wird. Es wird das Ziel, die Entwicklung und Erweiterung der anaeroben Leistungskapazität und eine Verbesserung der kurzfristigen Erholungsfähigkeit, so wie eine stärkere Wettkampfhärte angestrebt.

3.3.3 Begründung zur Belastungsprogression

Es findet eine Erhöhung der Belastungsdauer alle zwei Wochen statt. An Tagen der Regeneration bleibt die Belastungsdauer immer zwischen 50-60% Hf max, da eine Erholung und keine Verbesserung der Ausdauer angestrebt wird. Gemäß Hottenrott (1997,2006) wird die Belastungsdauer von 45 Minuten nicht überschritten. Ebenfalls nach Hottenrott (2006, 64ff) wird die Belastung in so fern gesteigert, je höher die Intensität desto geringer wird die Belastungsdauer. Die Probandin muss zwar eine längere Strecke Laufen und Radfahren, muss in dieser Zeit aber auch Höchstleistungen abrufen können, was sie durch eine hohe Belstungsintensität und einer kürzeren Belastungsdauer erreicht. Da die Probandin zusätzlich zu ihrem Schwimmtraining nur 1,5-2,5 Stunden pro Woche Zeit hat, orientiert sich der Zeitliche Verfügungsrahmen auch daran.

3.3.4 Begründung zu den angesteuerten Trainingsbereichen

Kennzeichnend für das Training im Regenerations- und Kompensationsbereich ist die niedrige Intensität zwischen 50-60% der maximalen Herzfrequenz (Hottenrott, 2006). Es dient zur Regeneration nach der extensiven und der intensiven Dauermethode, sowie der intensiven Intervallmethode da aufgrund der hohen Herzfrequenzen es die Kundin an ihre Grenzen bringt. Die Extensive Dauermethode sowie die intensive Dauermethode in einem Bereich von 75-85% Hf max dienen primär zum Herz-Kreislauf-Training für Fortgeschrittene, zur Verbesserung der aeroben Fitness und zur Stabilisierung und Entwicklung der Grundlagenausdauer (GA1/GA2) was zu einer Reduktion des Körperfettanteil führt. Ebenfalls führt die intensive Dauermethode zur Verbesserung der aerob-anaeroben Fitness und zur Entwicklung der Grundlagenausdauer (GA2).

Die intensive Intervallmethode ist vor allem für leistungsorientierte Sportler, zu denen die Probandin in diesem Fall zählt, sie verbessert hiermit die anaerobe Fitness. Vor allem aber soll ihre Widerstandsfähigkeit in extremen Belastungssituationen verbessert werden, anfangs in den ersten vier Wochen wird die Probandin darauf eingestellt intensiver zu trainieren, ab Woche fünf wird es hochintensiv um eine Verbesserung der Wettkampfhärte zu erreichen und eine bessere Laktatresistenz zu entwickeln.

3.3.5 Begründung der ausgewählten Ausdauergeräte

Die Ausdauergeräte sind am Ziel und Wunsch der Kundin orientiert. Sie muss für den Kuhseetriathlon laufen und Radfahren, deshalb trainiert sie auf dem Laufband und dem Fahrradergometer. Für das REKOM-Training wird der Crosstrainer in Anspruch genommen, da es der Kundin sehr viel Freude bereitet, zudem ist es etwas gelenkschonender und benötigt eine dynamische Arm- und Beinbewegung was auch für ihren Lauf-Stil von Vorteil ist.

4. Literaturrecherche

Tab. 10: Literaturrecherche

	Studie 1: Effekte eines Laufbandtrainings nach der Intervall- versus Dauermethode COPD Patienten – eine randomisierte, kontrollierte Pilotstudie	Studie 2: Intervall versus kontinuierliches Ausdauertraining bei COPD-Patienten: eine Studie im Cross-over Design
Autoren	Adler, S., Glöckl, R., Jarosch I., Kenn, K.	Spielmanns, M., Winkler, A., Fuchs-Bergsma, C., Baum, K.
Erscheinungsjahr	2016	2014
Forschungsfrage	Nachdem in einer Studie mit COPD-Patienten gezeigt werden konnte, dass ein intensives Intervalltraining auf dem Fahrradergometer einem moderaten Ausdauertraining nach der Dauermethode von Vorteil ist, stellte sich die Frage ob dieser Effekt eines Intervalltrainings genauso für ein Geh-Training auf dem Laufband gilt.	Vergleich von kontinuierlichem Ausdauertraining und Intervall-Ausdauertraining bei COPD-Patienten
Art der Versuchspersonen	Teilnehmer waren 21 Patienten mit COPD 3 und 4 nach GOLD wurden in einer drei wöchigen pneumoglogischen Rehabilitation auf zwei Trainingsgruppen verteilt	Teilnehmer waren 36 Patienten mit einer moderaten bis schweren COPD
Versuchsaufbau der Studie	Zehn Patienten betätigte sich im Gehtraining nach der Dauermethode fünf mal pro Woche bei einer Intensität von 60%. Elf Patienten betätigten sich in einem Intervall Training bei einer Intensität von 120% auf dem Laufband. Die Dauer des Trainings wurde stetig von 10 auf 36 Minuten gesteigert.	Personen bei denen COPD diagnostiziert wurde trainierten drei mal wöchentlich auf dem Fahrradergometer. Anfangs wurde mit einer kontinuierlichen Ausdauermethode trainiert, nach zwölf Wochen dann zum Intervalltraining abgeändert. Alle drei Wochen wurde die Intensität der Belastung um 5% gesteigert. Zu Beginn, nach zwölf und nach 24 Wochen wurde die Lungenfunktion, Spiroergometrie und die Lebensqualität gemessen.
Relevante Ergebnisse und Schlussfolgerungen	In der Gruppe der Intervall-Trainingsmethode war die Atemnot niedriger als in der Trainingsgruppe der Dauermethode. Auch war die Anzahl der (ungeplanten) Pausen bei dieser Gruppe höher. Dennoch erweckte es den Anschein, dass beide Trainigsmethoden im selben Ausmaß die Leistungsfähigkeit optimieren. Das Intervalltraining scheint somit bei COPD-Patienten mit hohem schweregrad ähnlich wie beim Fahrradergometertraining akzeptabler zu sein.	Unabhängig von der Trainingsmethode konnte eine Verbesserung der Lebensqualität, die Sauerstoffaufnahme welche die maximale Belastbarkeit in der Spiroergometrie festgestellt werden. Allerdings kam es nach 12 zu keiner gravierenden Steigerung welche bemerkenswert wäre. Es zeigt sich also, dass die Art der Trainingsmethodik keinen Einfluss auf die Bereicherung des Trainings bei COPD-Patienten hat.

5. Literaturverzeichnis

Adler, S., Glöckl, R., Jarosch I., Kenn, K. (2016). *Effekte eines Laufbandtrainigs nach der Intervall- versus Dauermethode bei COPD-Patienten – eine randomisierte, kontrollierte Pilotstudie.* Thieme E-Journals – Pneumologie 2016. Zugriff am 26.11.2019 Verfügbar unter: https:// www.thieme-connect.com/products/ejournals/ abstract/10.1055/s-0036-1572179.

American College of Sports Medicine. (2006a). *ACSM´s Guidelines for Exercise Testing and Prescription. ACSM´s Guidelines for Exercise Testing and Prescription* (7. Aufl.) Philadelphia: Williams & Wilkins.

Gallagher, D., Heymsfield, S. B., Heo, M., Jebb, S. A., Murgatroyd, P. R. & Sakamoto, Y. (2000). Healthy percentage body fat ranges: an approach for developing guidelines based on body mass index. The American journal of clinic nutrition, 72 (3), 694–701.

Hottenrott, K. (1997). Ausdauertraining. Intelligent effektiv erfolgreich (4.Aufl.) Lüneburg: Wehdemeier & Pusch.

Hottenrott, K. (2006). Trainingskontrolle mit Herzfrequenz-Messgeräte (1. Aufl). Aachen: Meyer & Meyer.

IPN. (2004) *IPN Test- Ausdauertest für den Fitness- und Gesundheitssport.* Köln: IPN.

Mancia, G.; Fagart, R.; Narkiewicz, K.; Redon, J.; Zanchetti, A.; Böhm, M. et al. (2013). 2013 ESH/ESC Guidelines for the management of arterial hypertension. The task force for the management of arterial hypertension of the European Society of Cardiology (ESC). *Journal of hypertension,* 31 (7), 1281-1357.

Spielmanns, M., Winkler, A., Fuchs-Bergsma, C., Baum, K. (2014). *Intervall versus kontinuierliches Ausdauertraining bei COPD Patienten: eine Studie im Cross-over*

Design. Thieme E-Journals – Pneumologie 2014. Zugriff am 26.11.2019 Verfügbar unter: https: www.thieme-connect.com/products/ejournals /abstract/10.1055/ s-0034-1367836 .

Trunz, E. (2001). *IPN-Test – Ausdauertest für den Fitness und Gesundheitssport*. Köln, Institut für Prävention und Nachsorge. Köln.

Weineck, J. (2003). *Ausdauertraining. Trainingssteuerung über die Herzfrequenz- und Milchsäurebestimmung*. Balingen: Spitta.

World Health Organization. (2000). *Obesity - Preventing and Managing the Global Epidemic*. World Health Organization. Geneva.

6.Tabellenverzeichnis